ISBN: 978-0-244-15066-2
Copyright di Antonio Pellegrino 2019
Prima Edizione

Antonio Pellegrino

Le mie Prefazioni

Silloge Saggistica

Lulu Editrice

Premessa dell'Autore

Mi è capitato, spesso, nel corso della mia lunga car-
riera di docente e di scrittore, di avere dovuto rispon-
dere, in un senso o nell'altro, alla richiesta[1] di una
mia prefazione ad opere letterarie e saggistiche che
mi veniva rivolta un po' da ogni parte della nostra
splendida penisola, ricca di storia, di cultura, di arte,
di pregevoli risorse naturali e urbanistiche, di persone, a volte, grazie a Dio, speciali e talentuose, diverse nello spirito.

Non sempre, tuttavia, mi sono reso disponibile, un
po' per mia personale pigrizia, per un altro po' per il
poco patos che alcuni testi pervenutimi, attraverso il
tempo, dettavano al mio spirito, e a quest'ultimo io
sono rimasto sempre religiosamente prono, docile e
ubbidiente alle sue esigenze. Se una cosa non la sen-
to, sin dal profondo, il profondo nulla mi suggerisce
in pensieri e parole, specie, poi, se è il mio stesso
pensiero che deve tradurre in dati di senso il pensiero
altrui. In sostanza, quando non avverto empatia in un
rapporto ciò che tocco intorno è il vuoto, è

---

[1] Scrittori, poeti e saggisti che avevano avuto modo di leggere,
forse, qualcuna o alcune delle mie pubblicazioni, o pubblicazioni di altri autori riportanti una mia prefazione o postfazione.

l'impalpabile, è l'assenza di relazionalità, è la difficoltà meditante, è l'inerzia stessa dei sensi.

Analizzare un'opera, radiografarla, destrutturarla e
ristrutturarla, scinderla nelle sue parti, e, poi, ricom-
porla, è già di per sé un lavoro immane che richiede
non solo lettura del testo ma anche studio e ricerca;
se, poi, l'opera stessa non la si avverte con il dovuto
amore – presupposto di una mordente passione per
quello che si va a fare – tutto diventa più complesso
e quello che ne verrebbe fuori risulterebbe falso, le-
sivo di reali corrispondenze scientifiche, o – se si
preferisce dire così – privo di una visione oggettiva.

Sono state rare, pertanto, le volte in cui mi sono reso
disponibile, e sono state quelle in cui i testi che mi
avevano raggiunto, mi parlavano all'impatto, espri-
mevano il loro stesso cuore, dialogavano con me, me
li sentivo vicino e dentro, ne avvertivo il sibilo del
respiro, ne gustavo le parole, lo scorrere melodioso
del pensiero, l'andamento ritmico della frase o dei
versi, l'assenza di meccanismi espressivi e figure retoriche artificiosi, la semplicità e la limpidezza dei
sentimenti che sottintendevano al tutto. In tali casi il
mio percorso nel testo procedeva gioioso, libero,
quasi fossi in balia di uno spirito alato che guidava i
miei passi verso cieli profondi.

Di alcune delle mie tante prefazioni, vale a dire di
quelle contenute in questo libello, il lettore avrà modo di venire a conoscenza e potrà farsene un giudizio
suo; altre non sono contemplate in questo contesto e

dovrebbero far parte, poi, di un successivo volume
per il quale mi sto già attivando.

Le prefazioni da me stilate, come si potrà evincere
percorrendo il presente lavoro, non sono mai relative
a opere in versi o in prosa di scrittori o di scrittrici
famosi, né di poeti noti alla cronaca stampata e me-
diatica in genere, ma di autori speciali, come li riten-
go io, poiché da loro ho potuto attingere energie e
genuini stimoli. Si veda, a solo titolo di esempio, il
brevissimo, direi scheletrico, testo teatrale di Luca
De Crescenzo[2] il cui contenuto parte dalle viscere
stesse del cuore ove ardono i ricordi più profondi
tanto da confondersi con i sogni a volte a occhi aper-
ti, altre volte ancora a occhi svegli. Impossibile, poi,
non rimanere incantati per i versi di alto contenuto
lirico di Maria Rosaria Franco[3], di Paola De Rosa[4] e
di Dante Iagrossi[5]. Essi, in modi diversi, poeti lo sono nel senso pieno della parola, lo sono nell'anima e
nella mente, lo sono in tutto se stessi. I racconti di
Lin Schiavo Pontalto[6], hanno il sapore e l'odore intensi di una Sicilia arcaica, verghiana oserei dire, essi
sono narrati con uno stile linguistico unico, le parole
risultano scavate dal cuore stesso delle persone e delle cose, ne sono consustanziate. Che dire, infine, della raffinata destrezza nel certosino lavoro di ricerca

---

[2] Un sannita di Telese Terme (BN).
[3] Poetessa e scrittrice sannita di Telese Terme (BN).
[4] Poetessa di Formia (LT).
[5] Poeta di Caiazzo (CE).
[6] Scrittrice e poetessa palermitana.

di Vittorio Barbieri[7] e di Pasquale Maturi[8] nei loro brevi ma intensi saggi storici. Del Maturi, inoltre, di grande spessore sono le liriche di "Percorso di vita" ove uomo e natura risultano essere assimilati in un unico destino di nascita, di morte e di rinascita nel ciclo perenne della materia universale, madre e padrona assoluta della destinazione di ogni cosa.

Non sempre, dunque, quanto dall'editoria ufficiale viene sfornato appartiene all'ordine migliore delle cose, spesso essa, se non sempre – pilotata dalle logiche di mercato e dai bisogni di consumo di massa – appare cieca verso quanto nel mondo della poesia e della narrativa, oltre i soliti confini, di meglio esiste, e mi riferisco a quel mondo sommerso, senza angeli protettori, di scrittori, di poeti e di saggisti esordienti, o che almeno esordienti aspirano a essere.

L'editore di grido ha occhi per la gente importante, per i visibili, specie se provenienti questi ultimi dal mondo della televisione, della politica, dell'economia, del giornalismo, dello sport e dello spettacolo in genere, vale a dire se provenienti dal gran bazar dei talk show, che più che luogo del pensiero e della parola sembrano essere diventati il luogo dell'invadente esposizione e della pubblicità occulta o palese. Insomma, l'editore guarda ai volti resi noti – e non sempre per la loro reale qualità – dai mass media, web compreso.

---

[7] Poeta e saggista di Amorosi (BN).
[8] Poeta e storico di Amorosi (BN).

Io, al contrario, traggo interesse, che si traduce in inspirazione, dagli sconosciuti di razza, dagli sconosciuti di qualità, proprio da quegli invisibili, dagli ignorati sia dall'editoria ufficiale che dalla critica, che, spesso e volentieri saccenti e maldestre, conformiste e opportuniste all'eccesso, lo sono.

Antonio Pellegrino

Prefazione
al Saggio storico

di

Pasquale Maturi, Appunti di Storia Amorosina,
LC Stampa, Telese Terme, 2002

Ho accettato con grande piacere l'invito del prof. Pasquale Maturi per dire qualcosa sui suoi *"Appunti di
storia amorosina"*. Li ho letti con grande curiosità,
anche se ne conoscevo i frammenti da vecchia data,
come tanti altri Amorosini. Essi tracciano, con rapidità di stile e di contenuti, le linee fondamentali di
cose che solo una persona esperta ed appassionata
della nostra storia poteva fare. Il breve opuscolo può
assurgere, in attesa di una pubblicazione sistematica,
ad una funzione di guida per il turista frettoloso, ma
può anche diventare un valido stimolo didattico per
gli alunni delle nostre scuole, che hanno la possibilità
di attingervi quanto è utile per potersi fare un'idea
più chiara della storia del loro paese. Il prof. Maturi
è, senza ombra di dubbio, il più autentico e profondo
conoscitore della storia delle nostre radici. Erano gli
anni sessanta, eravamo dei giovani studenti universi-
tari e l'Autore del presente fascicoletto già poneva i
primi basamenti di una ricerca storiografica, comin-
ciando a spulciare, per esempio, nei libri dei battesi-
mi, messi a disposizione da don Vincenzo Graziano
Tebano, arciprete della Parrocchia di San Michele
Arcangelo in Amorosi.

Da allora l'opera paziente di attento tessitore, di meticoloso ricercatore, di competente traduttore ed interprete (si ricordano i suoi incontri a Salerno con A.
Zazo) ha consentito al Maturi di fare maturare lentamente nella sua coscienza e in quella di ognuno di
noi la consapevolezza più precisa delle proprie origini. Da ricordare il contributo notevole che egli ha
fornito sul piano del dibattito culturale, tramite

l'impegno attento profuso, in veste di amministrato-
re, nel corso dei primi anni ottanta, nella Biblioteca
Comunale, diventata, per l'occasione, un vero e proprio cenacolo di incontri, di studio, di ricerca e di
animazione sociale. Egli, infatti, nell'attesa di produrre un' opera più attenta e sistematica, più orga-
nica sul piano della documentazione complessiva,
non rinunciava, nel tempo, al compito di mettere al
corrente la comunità dei suoi continui avanzamenti
nella ricerca, anche di quelli più piccoli ma significativi, tramite la pubblicazione di articoli, relazioni,
conferenze, ciclostilati, dattiloscritti - anche relativi a
paesi viciniori come Alvignanello, Castel Campa-
gnano e Melizzano - che sono diventati patrimonio di
ogni Amorosino e comunque di coloro che erano at-
tenti ai suoi studi o che ne rimanevano perlomeno in-
curiositi. Abbiamo potuto così conoscere dettagli di
eventi, prima molto vaghi, relativamente al nostro
paese, ai suoi primi insediamenti umani, ai primi sta-
tuti, alle truppe e ai carabinieri, alle presenze emble-
matiche, al pubblico orologio della Chiesa di San
Michele Arcangelo, alle campane delle medesima
Chiesa, alla Chiesa stessa, ai Palazzi, considerati storici del paese, Piscitelli, Maturi, Chianese, Giaquinto,
all'antico sigillo del Comune. Molte citazioni del
Maturi, nel frattempo, sono già state fatte in loro
opere da studiosi e da scrittori, come Padre

Valentino Orefice, che si è spesso richiamato ad idee
e scritti dell'Autore.
Ma, si consideri, la storia di Amorosi era avvolta in
una foschia densissima, prima che il professore Pa-

squale Maturi cominciasse a preoccuparsi di mettere meglio a fuoco l'identità del territorio, ricercandone le più recondite radici, rimaste mimetizzate, per troppo tempo, nel contesto degli eventi complessivi legati all'antica Telesia.

Ora è una vera soddisfazione per me, suo amico ed estimatore da sempre, potere annunciare, dopo questo primo quaderno, la prossima pubblicazione di altri due volumi da ritenere fondamentali dello stesso Autore *"Amorosi: vita religiosa e luoghi di culto"* e *"Amorosi nella tradizione e nella storia"*.

Antonio Pellegrino

Prefazione
al Saggio storico

di

Vittorio Barbieri, La questione Sociale in Madre Brando,
Ausiliatrix Arti Grafiche, Benevento, 2005

Antonio Pellegrino					Le mie Prefazioni

Vittorio Barbieri, giornalista da sempre, è corrispondente del quotidiano Il Mattino nonché collaboratore del quindicinale di informazione e di discussione Realtà Sannita.

Nei suoi scritti egli rievoca eventi e scandisce i ritmi della memoria della quotidianità, di quella parte del vivere che non sempre trova posto negli archivi della storia e delle biblioteche, strumenti, forse a torto, considerati fonti uniche e insostituibili per il sapere delle presenti e delle future generazioni.

Anche questo saggio riflette la sensibilità giornalistica dell'Autore. I diversi segmenti espressivi, infatti, si articolano paralleli agli eventi, proprio mentre questi vanno emergendo come oggetti viventi, riesumati dalle loro interne dinamiche, ricondotti fuori dalle cavità esistenziali di cui essi stessi sono parte: così i riflessi della storia richiamano gli ampi scenari dell'Italia post-risorgimentale unitamente alle relative problematiche politico-sociali e fra queste dominante la questione meridionale.

La vita di Maria Cristina Brando, liberata dalle condizioni della santità intesa come pura fatalità, come predestinazione assoluta, come evento miracolistico o dovuto solamente ai meriti della sua chiesa domestica, emerge nella pienezza della sua natura umana: Ella è donna, prima ancora che beata, vive laicamente nella storia prima ancora che nei cieli, soffre le sofferenze umane, partecipa alle gioie e alle delusioni veicolate dagli eventi, interpreta le fondamentali esigenze sociali, intuisce l'incombere dello Stato laico, combatte i pregiudizi sempre in agguato, avverte il grido disperato che viene dal mondo femminile ancora subalterno a quello maschile, è sensibile al bisogno di una scuola concepita come comunità educante, come tempo pieno, come luogo dell'iniziazione al linguaggio oltre che alla formazione umana e cristiana della persona in età evolutiva, si veste di spirito profetico verso gli ulteriori sviluppi del cammino sociale nella storia dell'uomo, lasciando un prezioso messaggio di speranza, ma anche di attenta visione critica delle cose.

Nello scritto del Barbieri la parola si veste di semplicità comunicativa mentre incontra gli eventi reali, dei quali traduce i concetti con stile immediato e ne trasferisce il senso al lettore, rinunciando a qualsiasi orpello e a particolari bardature espressive.

Antonio Pellegrino

Prefazione
alla Silloge poetica

di

Luca De Crescenzo, Poesie e prose,
Media Press Puglianello (BN), 2012

La disposizione naturale, spontanea, alla scrittura di Luca De Crescenzo trova il suo alloggiamento in una serie di formule espressive riassumibili nei generi lirico e narrativo. Ma vediamo come egli appare nei suoi diversi modi di comunicare:

Il Luca lirico in lingua italiana:

Una vita che nasce, / una vita che muore / al sorgere del sole / e al calar della notte. / Una stella che brilla, / una stella che cade / nell'etereo spazio dell'infinito.

Il Luca lirico in vernacolo:

L'ammor' che sent' p' te nun' è comm' / na rosa che s' appassisc' u juorn' dopp'. / Nun' è comm' n' oggett' che va ripost'/ dint' a nu cassett'. / Nun' è comm' a nu ciucculattin' / che s' scioglie dint' a nu mument'. / L'ammor' che sent' dint' o cor' p' te / nun' è sul' pe' nu juorn'.

Il Luca narrante in lingua nazionale:

Il sole fa già capolino tra le fessure delle persiane e fuori s'ode già il cinguettio festoso degli uccelli. [...] Attraverso i vetri della finestra vedo piccoli banchi di nebbia che incominciano già a dissolversi.

Il Luca narrante in vernacolo:

Che bell'invenzion' o rilogg'. N' coppe a stu munn'
acussì frenetic' c' mancav' pur' iss' p' c' fa correre
d' a matin' a ser' e farc ferni e stressà.

L'atteggiamento quasi istintivo verso la scrittura non
esclude il valore intrinseco della comunicazione arti-
stica anzi la avvalora di espressioni e di contenuti vicini quanto mai all'anima di chi scrive, lontani da
qualsiasi ricorso a forme di filtraggio o di censura
da parte della ragione. Appaiono così attraverso lo
scorrere dei righi i riflessi interiori di sentimenti ed
emozioni di assoluta veridicità, onirici quasi.

Luca scrive per dettatura automatica della propria in-
teriorità: lo scrivere diventa per lui una via di liberazione dalle convenzioni e dalle convenienze sociali
consolidate nella cultura dominante. Egli scrive
quando pezzetti di deserto si materializzano nello
spazio riservato alla sua solitudine, quando nascono
le occasioni, rare per chiunque di noi, di potere con-
tattare il proprio "tu", l'altra parte del nostro "io",
nascosta nel "centro" di noi stessi. Invitato, a volte,
dai fogli di un quaderno, lì posato, quasi per caso,
sulla scrivania, e di una penna ansimante, parla con
se stesso, scopre e scrive di quanto trova:

Appoggiato su di una bella scrivania sta un qua-
derno pregiato, avente al suo interno fogli di carta
pergamena. Spavaldo e impettito fa bella mostra di

sé. La penna, un poco più distante dice: "Aspetta, bello mio, appena viene il momento, ti salto addosso e mi diverto a sguazzare fra le tue righe [...] Ci sono penne e penne, ma tu proprio non sei fatta per me, sei troppo materiale, sei rozza. Qui ci vuole una penna nobile e gentile che, quando si avvicina, mi deve rispettare, il suo tocco deve essere una carezza che mi sfiora sulle righe senza sporcarle.

Le parole, che esprimono la sua anima, di qualsiasi genere si vestano, scivolano come in pagine di un diario, un diario in cui il tempo esterno e gli eventi della storia non esistono più, il confronto che rimane è quello con l'eterno tempo dell'anima: è il balzo profondo nelle parti recondite di se stesso, quelle che contengono il centro della dimensione vera di ciascuno, quindi anche di Luca.

Non è un cammino semplice quello che si inizia quando si lavora su se stessi, ma il risultato è quello che conduce ad una approssimazione, sempre più visibile, alla conoscenza. Quando ci si confronta con il tu interiore, è l'altare della solitudine salvifica che ci si pone davanti, è il tempo dell'anima, è la sorgente presso la quale si lavano le falsità acquisite nella vita quotidiana, nel tempo ordinario. E, nel centro dell'io vero, in quell'angolo recondito rispetto alla vita reale, è pronto per essere colto anche il dono della fede, che è li in attesa di noi, in attesa che se ne prenda interamente coscienza.

Sul piano tematico i motivi scatenanti dello scrivere di Luca De Crescenzo sono da rintracciare: nella famiglia, nell'essere marito e padre; nella grave e rapida caduta di valori fondamentali del nostro tempo; nel desiderio sincero della fede. Egli si guarda intorno, qualche volta, e vede le immagini della morte che il nostro tempo produce, immagini che rappresentano, in una visione quanto mai drammatica, la crisi sistematica del mondo contemporaneo:

E mo' addò vai chiù, mia cara Napoli, mi sembri un paesaggio lunare, se veren' sule muntagn' e munnezz', s' respir' sul' aria malsana, può camminà miez' a via sul' cu a maschera, addò sta cchiù addor' du mare, da pizz, di sfugliatell'.

Il vernacolo utilizzato dal De Crescenzo, sia nei componimenti in verso che in prosa, è quello della lingua materna, identificabile nel dialetto telesino, contaminato, di qua e di là, da riflessi del napoletano classico. L'Autore non si pone come punto di riferimento, nella trascrizione esatta delle parole, un dizionario, ma la sua stessa attenzione al suono che si traduce, ogni volta, nelle corrispondenti forme grafiche. Segni di troncamento frequenti annunciano al lettore di suoni vocalici anche all'interno delle singo-

le parole, oltre che nel loro inizio e nella loro conclu-
sione.

Voglio, infine, ricordare agli eventuali lettori che i
titoli delle singole sezioni, di cui il libro si compone,
sono accompagnati da opere figurative di Concetta
Festa, moglie di Luca.

Antonio Pellegrino

Prefazione
alla Silloge poetica

di

Pasquale Maturi, Percorso di Vita,
Grafica e Stampa Soluzioni sas, Amorosi (BN), 2013

Il professore Pasquale Maturi – già noto ai più quale storico finissimo delle vicende della Valle Telesina e di Amorosi in particolare – esordisce con «*Percorso di vita*» nelle vesti di poeta. La poesia, in effetti, per chi lo ha conosciuto negli aspetti quotidiani del suo esistere, è sempre stata la sua seconda pelle, una sua intima aspirazione. Il suo anelito evocativo, d'altra parte, aleggia anche nelle sue ricerche storiografiche contenute nelle sue numerose pubblicazioni fatte di articoli, di saggi brevi e di saggi lunghi. In ogni cosa, anche nei singoli frammenti del tempo egli, in verità, cerca la natura stessa dell'Essere, mimetizzata nelle pieghe degli eventi e delle persone.

> *Rombano e rimbombano fiume e torrenti,*
> *mentre con pena e con affanno,*
> *dal proprio letto vanno straripando.*

E l'uomo stesso, nel bene o nel male, è parte stessa di tale complessa visione:

> *Gli uomini al peso di immensi dolori*
> *soggiacciono e dalla triste terra si vanno*
> *allontanando.*

Il pessimismo cosmico leopardiano della natura intesa come limite di vita dell'uomo si fa presente a tratti:

31

E di me che sarà? L'eterno?
Una nuova esistenza o la tenebre immensa?

Ma è compensato dal Maturi con un'ottica di ispirazione pascoliana secondo la quale quella stessa natura è vista come compagna fedele dell'uomo, come
suo conforto nel olore, come guida privilegiata e
premonitrice del suo destino:

A sera il dolce concento s'affievolisce e spegne.
Piccoli e grandi, stanchi dai campi,
alla luce fioca della silenziosa luna,
tutt'insieme vanno, lentamente, rincasando.

La campagna – habitat naturale del Nostro – presenta se stessa come un microcosmo in cui l'interezza
dell'universo esistente riflette la sua stessa essenza,
mentre quest'ultima si rende visibile nelle forme plu-
rime e diverse della vita, da quella minerale, a quella
vegetale e animale.

Alberi spogli che Natura riveste
di mille gemme e di rugiada mattutina
per i rami nodosi la linfa sentire rifluire
e dolce ristoro offrite all'assolato viandante,
la vostra primavera invidio tanto.

Il mondo georgico, dunque, sta a rappresentare la
sintesi del mondo naturale, è il luogo in cui tutto si
rende visibile: è qui che la vita trova la sua origine, è

qui che essa – come le piante che vi nascono, poi vi crescono, infine inaridiscono e muoiono, ma poi risorgono – incontra anche il suo epilogo:

Il mio cuore vola per gli spazi immensi
e per la natura tutta rinnovata,
chiedendosi se mai, per lui, rifiorirà la vita.

L'esistere dell'uomo consuma il suo tempo attraverso il ritmo dei giorni, dei mesi e degli anni:

Nelle stanze indorate dai caldi rai
nascendo un chiaro mattino
i grandi occhi alla luce rivolge
quasi che dagli astri, dal cielo
voglia scrutare il suo destino.

Il tempo della natura è ritmato dalle stagioni, dal loro perenne avvicendarsi, dal loro mescolarsi e intrecciarsi alle vicende della storia fino ad apparire quasi in un tutt'uno, unico e inscindibile.

Ed è il tempo dell'inverno:

Niveo candore riveste
le alte cime dei monti.

È poi il tempo della primavera:

Il mio cuore vola per gli spazi immensi
e per la natura tutta rinnovata.

33

Esplode, quindi, radiosa l'estate:

Una nuova esistenza o la tenebre immensa? Il ricco,
verde manto,
che la bella Primavera vi donò,
ora Autunno sparge per i campi.

Si noti l'uso rigoroso della maiuscola con cui il poeta scandisce i nomi delle stagioni. Le stagioni sono, per il Maturi, persone viventi, agenti, patenti, gaudenti: In esse si riassume il senso intero del vivere nella complessità cosmica, di cui l'uomo è solamente uno dei mille e mille aspetti. Ma il poeta vede anche che la natura rinascerà da se stessa, si originerò di nuovo dalla stessa morte, e, quasi smarrito, di nuovo si chiede:

E di me che sarà? L'eterno?
Una nuova esistenza o la tenebre immensa?

Quello che potrebbe apparire come un "cupo pessimismo" del poeta diventa, invece, in lui l'emblema della comprensione piena della ragione universale dell'essere, dell'eterno e armonico avvicendarsi, il suo saper nascere e morire, la sua capacità, - camaleontica quasi – di cambiare forma ogni volta, il suo evolversi all'interno di se stesso con un moto suo proprio, perpetuo rispetto al moto definito e limitato delle singole cose. Traspare la visione di uno spirito

34

unitario del tutto in cui le singole particelle muoiono per trovare l'alimento necessario al perpetuarsi dell'essenza della vita universale. Del dolore stesso dell'individuo non vengono, in nessun caso, addebitate cause occasionali o contingenti come a dire che lo stesso è la logica risultanza della vita stessa, vi è contenuto. L'uomo è un frammento cosmico vagante nello spazio storico alla ricerca perpetua del suo "intero" universale:

L'animo dei mortali alla novella vita non resiste
come corolla appassita su se stessa si china.

Da storico attentissimo degli eventi umani, il Maturi si dimostra nei versi un meticoloso osservatore dei criteri generali dell'evoluzione dell'esistente, di cui registra schegge dei suoi palpiti, gli aneliti e le speranze opportunamente temperate da ragionevoli dubbi. Egli è tessitore di due storie parallele, uguali e diverse: la storia "apparentemente" finita dell'individuo, e il suo essere parte infinitesimale di una storia infinita, illimitata nel tempo e nello spazio.

Il cantare del poeta è un cantare classico, antico direi, gli accenti tonici si inseguono in maniera ritmica. Egli fa ricorso a un lessico ricercato che trova un melodioso scorrimento tra le strofe, nei versi e tra i versi. Questi ultimi risultano essere quasi sempre liberi, liberati cioè dalla rima, allo scopo di rendere più agevole lo scorrimento spontaneo el pensiero lungo l'accidentato percorso evocativo.

La poetica del Maturi – sia nei suoi aspetti lirici che tematici – è, tuttavia, più articolata e complessa di quanto io ne abbia potuto delineare, in questi brevi tratti, i caratteri. Sarà, dunque, compito del lettore attento scoprire e mettere in evidenza gli ulteriori risvolti della coinvolgente scrittura dell'Autore.

Antonio Pellegrino

Prefazione
al testo narrativo

di

Maria Rosaria Franco, I Luoghi Dell'anima,
Edizioni Sophia, 2015

M. Rosaria Franco è una scrittrice sannita emergente, già autrice di due romanzi: "Francesca, il mondo dietro un vetro", Albus Edizioni, 2012, recensito, fra l'altro, da Arianna e Selena Mannella in "Albatros magazine", giugno 2012; Il viaggio della memoria, Albus Edizioni, 2014, Premio ANPS alla XV Edizione del Premio Letterario Internazionale "Tra le parole e l'Infinito", anno 2014.

Come premessa alla sua terza opera di narrativa, il racconto «I luoghi dell'anima», ella stessa si affida a un armonico scorrere di "versi suoi" che testimoniano altresì la sua innata, e ben nota, vocazione lirica:

«Ci sono luoghi imperscrutabili del nostro essere.
Quelli dove si nascondono le nostre infantili paure
e quelli dove il vento soffia arido sul cuore
consumandolo di solitudine.
Ci sono luoghi dove sospirano tormentosi rimpianti
e altri dove naufragano peccati inconfessabili
dai quali brameremmo redimerci.
Sono i luoghi dell'anima che non trova pace».

Tali versi, per la verità, che mi sono sentito di porre in primissimo piano e all'attenzione di chi legge in questa prefazione, rappresentano una grande sintesi tematica del racconto che pone al centro il grande dramma o dilemma dell'esistere: la difficoltà di essere uomini interi, la forza che il tempo e lo spazio fisici – i luoghi della storia – esercitano sul tempo e sullo spazio psichico – vale a dire i luoghi dello spirito

– residenza dell'essenza interiore dell'individuo, i luoghi dell'anima.

Lo scenario di apertura è una spiaggia deserta e sullo sfondo, oltre il promontorio, una casa vuota, abitata da fantasmi di ricordi, un peschereccio nel mare, uno spirito solitario, che, come sospeso in se stesso, vaga nello spazio asettico, diventato quasi surreale.

Il racconto colpisce già al primo impatto, coinvolge per quel suo lievitare dentro se stesso e diventare incalzante, ritmico, denso, a mano a mano che procede verso la fine. E' davvero un bel tuffo nell'anima, in un luogo senza tempo e senza spazio, in un luogo in cui la vita si manifesta in quei desideri che il mondo non sempre concede, che spesso, se non sempre, tende ad impedire del tutto o ad abortire in itinere, soprattutto in chi è sognatore ed ha ali per volare.

Il tutto appare sospeso tra fiaba e tragedia, a mezzo tra cielo e terra, tra realtà e irrealtà, tra fisico e metafisico, tra corpo e anima. È, in effetti, un viaggio a mezzo tra il mondo esteriore e quello psichico, ha in sé un sentore di epico, di arcaico, e riconduce al paragone con imprese quali quella dell'errabondo Ulisse che sfida gli estremi confini fisici della Terra e quella di Dante, che nel micro-mondo della sua mente e del suo spirito sfalda i confini metafisici e va alla scoperta degli smisurati regni dell'oltretomba fino a sfiorare il limite estremo del paradiso, dopo avere attraversato l'inferno e il purgatorio con tutto quello

che ne consegue. Il supposto paragone si presenta
così nella nostra scrittrice:

«*Bagnato e infreddolito lottai con tutte le mie forze
per contrastare la spinta del mare sulla pala del timone che sembrava ingovernabile, sbattuto a destra
e a manca, cadendo giù più volte e poi rialzandomi.
Le cime delle scotte, zuppe d'acqua, ferirono a sangue le mie mani. Il veliero nero arrancava in mezzo
alla tempesta e a nembi bassi, scuri e saettanti con-
tro il vento per strapparsi con caparbietà all'avverso
destino. Le assi si lesero, il legno scricchiolò e si
squarciò, l'albero maestro oscillò, le vele e le robuste funi si strapparono, le gomene si spezzarono e
ondeggiarono al vento. Proseguii in balia delle onde
più alte e imponenti, finché una di queste, più deva-
stante delle altre, colpì inclinando e piegando peri-
colosamente il veliero sul punto di inabissarsi*».

Si provi, ora, a ripensare, per un attimo solamente, a
Ulisse e ai suoi ardimentosi compagni, posti fra Scil-
la e Cariddi, e a Dante nella Selva oscura in compa-
gnia delle fiere.

Il racconto, che inizia in modo sornione, diventa
sempre più incalzante per il protagonista, lo apre
sempre di più verso nuovi scenari, verso nuovi personaggi, surreali, improponibili in termini di realtà:

- un *albatro loquace*, un pennuto, impettito e con
  fare alquanto serio, a tratti beffardo, metafora di
  un angelo, lo guida verso l'ignoto, verso paesaggi

41

sconosciuti, posti oltre la realtà, che si concludo-
no in un bivio, luogo di una scelta radicale, ove il
pennuto spicca il volo e sparisce;

- il *compagno di scuola*, un bambino di otto anni,
ormai morto, simbolo della perduta fanciullezza,
e, più in là, oltre la riva, la madre, generatrice di
vita, bella come il giorno in cui aveva conosciuto
suo padre;

- *un'aquila maestosa* che lo solleva e lo porta in
volo verso paesaggi mozzafiato e verso l'età
dell'adulto;

- *un'allodola generosa* e *uno scinco delle sabbie*
lo aiutano, poi, a spegnere la sete e gli suggeri-
scono la via per uscire dal deserto e raggiungere
uno splendido giardino ove campeggia un mae-
stoso palazzo di marmo;

- *una tigre bianca*, a presidio del palazzo di marmo, che gli schiude le porte e lo introduce nel
luogo delle sue ambizioni, delle occasioni man-
cate e dei tormentosi rimpianti;

- *la sua perduta amata* – metafora dell'anima ina-
scoltata, disattesa e vilipesa nel corso degli eventi
e delle distrazioni prodotte dalla vita – ritrovata
morta, distesa su un talamo marmoreo;

- *un nero veliero* – emblema dell'inferno interiore
e dell'espiazione – che lo guida, infine, attraverso
un vorticoso navigare, nel suo viaggio di ritorno
verso la crudezza della realtà storica;

- *un minaccioso serpente marino* – posto a presidio
del passo tra il mare e la riva, tra l'inconscio e il
conscio, il Super Ego forse – che prova a ostaco-
lare il suo risveglio alla coscienza;

- *una calma distesa di sabbia*, il luogo dell'approdo del naufrago, ormai rigenerato alla vita, grazie al battesimo dell'acqua ricevuto nel periglioso viaggio, simboleggiante la coscienza di sé risanata.

Le vicende e i personaggi viaggiano su vie parallele, armonizzate fra loro, compatibili nei ritmi, che, incalzanti, non lasciano alcuno spazio a inutili e alchemiche perifrasi: ogni parola ha un senso, ogni pensiero ha un senso, ogni luogo, ogni essere hanno un senso, tutto ha un senso, tutto è compreso nel protagonista, il fuori non esiste – o esiste solo in virtù del soggetto pensante – è pura apparenza, tutto il mondo possibile è nell'uomo *"senza nome"*, egli potrebbe essere chiunque altro o qualunque altra cosa, potrebbe essere il simbolo del tempo e dello spazio, della vita e della morte, della felicità e del dolore, della tragedia o della commedia:

«E la mia solitudine ... lentamente rotolava come quei gusci vuoti di conchiglie nella risacca tra alghe e stelle marine».

L'intelaiatura narrativa è densa di metafore e di simbolismi, in parecchi passaggi il linguaggio si eleva fino a sfiorare i vertici stessi della poesia:

«Era lo stesso deserto che avevo attraversato durante l'intera mia vita: il luogo della mia solitudine».

E altrove:

43

«E, al centro, distesa su un talamo marmoreo, la mia perduta amata. Meravigliosa e intatta creatura dalle membra rigide e la pelle d'alabastro, soavemente esanime sotto una velata coltre».

Numerosi sono gli esempi adducibili in proposito, ma si preferisce non sottrarre altro alla curiosità e all'intelligenza interpretativa del lettore.

Frequenti sono le proiezioni oniriche, caratterizzate da parole e immagini poste ai limiti fra sogno e realtà:

«Mi trovavo su un nero veliero alla deriva, solcando il mare dei miei peccati. Era il luogo ove languiva ciecamente la mia anima lontana dal Divino Timoniere».

Profonda è la vocazione mistica di M. Rosaria Franco, autentico il suo desiderio di pensiero dell'ascesi, attenta sacerdotessa della parola trivella il profondo fino a sfidare il vuoto dell'assenza e approdare, poi, nel luogo dell'essenza dell'essere proprio:

«Mi sorpresi ad ammirare un sontuoso giardino con palme e fontane. Al centro vi era un enorme palazzo di marmo bianco, ornato di intarsi e di pietre preziose. La luce del sole scintillava di colori tra i cristalli, gli zaffiri e le giade incastonati nei mosaici di pietra dai motivi floreali. Un gioiello di rara bellezza, in-

corniciato da aiuole fiorite, che si specchiava in canali d'acqua limpida».

Ampi e profondi sono gli orizzonti descrittivi, ricercato e dovutamente amalgamato all'insieme narrativo il lessico, ritmiche le cadenze che non scadono mai nella lentezza o nella noia, negli inutili arzigogoli, capaci di pareggiare, oserei dire, la velocità stessa e la densità di un verso:

«La chiamai, ma l'immagine svanì tra le increspature concentriche di un sasso lanciato nell'acqua»;

e ancora:

«Un albatro roteò sul mio capo, inseguendo il vento con volo ardito»;

infine, per non rubare troppa roba al testo:

«Le assi si lesero, il legno scricchiolò e si squarciò, l'albero maestro oscillò, le vele e le robuste funi si strapparono, le gomene si spezzarono e ondeggiarono al vento».

In un tempo come il nostro ove l'uomo, spesso, se non sempre, ignaro di se stesso, è diventato preda di mille plagi, clone di altro o di altre cose e, a sua volta, feroce clonatore, accolgo come acqua limpida di sorgente montana un racconto come questo in cui gli occhi e le parole si allontanano dalle solite ambite

mete e, invertendo la rotta, tracciano una diversa pro-
spettiva, guardano verso altro, verso l'interno, verso
l'intimità dell'individuo, verso la sua invisibile presenza, la cui residenza è nel suo bagno di solitudine,
nel suo stesso deserto.

Antonio Pellegrino

Prefazione
alla Silloge poetica

di

Maria Rosaria Franco, I Pensieri della Notte,
Edizioni Sophia, 2013

Antonio Pellegrino   Le mie Prefazioni

M. Rosaria Franco, già autrice di due romanzi, pubblicati nel 2012 e nel 2014, è qui, per la prima volta, nella veste di poetessa, pur avendo conseguito alcuni significativi successi, tramite poesie sciolte, in alcuni importanti concorsi letterari:

"I resti dell'inverno" è risultata quarta, conseguendo anche il premio della critica, alla XVI Edizione del Premio Letterario internazionale "Tra le parole e l'Infinito" 2015 e inserita nell'Antologia del Premio;

"Nuvola" ha ottenuto l'attestato di merito al Concorso Letterario "II Memorial Cinzia e Nicola di Mezza " indetto dal Lions Club di Isernia e inserita nell'Antologia "Graffi del Tempo" 2015;

"Porterò con me" si è classificata ottava alla IV Edizione del Concorso Nazionale di Poesia e Narrativa ConVERSIamo al Casale 2014)

La parola è l'anima della vita, è l'origine, è la genesi di tutto, di Dio stesso che è Verbo, è l'origine di ogni individuo, di ogni animale, di ogni monte, di ogni fiume, di ogni lago, del cielo e della Terra, del mare, di ogni cosa che sia nell'universo. Ciascun esistente sarebbe anonimo senza la parola, perché è essa che ne definisce l'identità: il pensiero stesso sarebbe muto, sarebbe inerte e inespressivo. Parola e anima avrebbero coincidenza assoluta se le stesse imparassero a riconoscersi e a dirsi. Quando è semplice parte di un linguaggio, quando è contenuto di un dizionario, quando si veste di convenzionalità, quando di-

venta prigioniera di un lessico, la parola non evoca
più essenze ma involucri esterni di ciò di cui si dice;
se, intesa, invece, come sostanza assoluta, essa si fa
medium tra l'individuo interiore e quello che dello
stesso appare fuori, è essa il tramite insostituibile tra
l'individuo – visto nel suo intero di corpo e di anima
– il mondo e tutti gli esseri animati e inanimati che lo
abitano. La parola è l'unica possibile creazione, è
traduzione simultanea, docile e fedele, di quanto, a
occhio nudo, non sarebbe mai possibile vedere: pensieri, sentimenti, emozioni, passioni, suggestioni.
Cogliere, dunque, se stessi è cogliersi come verbo,
come sostanza, unica possibile, di se stessi. Sacerdo-
te e testimone assoluto della Parola-Verbo è il poeta,
egli è colui che se ne mette in paziente ascolto e, poi,
la veicola a mo' di particole, facendo cibo di sé gli
uomini di tutti i tempi e di tutti i luoghi. Il poeta è il
creatore delle parole, l'architetto dell'eternità. Ma,
ora, chiediamoci, colti da curiosità:

«Qual è il rapporto con la Parola-Verbo di M. Rosaria Franco, che, per la prima volta, si cimenta con il
linguaggio dei versi e delle strofe, della parola cerca-
ta, più che della parola data o preconfezionata?».

Ella racconta in versi la difficoltà di vivere, lacrima
la vita dal sapore di sale e dal colore vermiglio del
sangue:

Gocce vermiglie grondarono
da lame di coltelli divorati dalla ruggine,
usurati dal tempo e dal disumano divenire.

Squarciarono il ventre di quel mondo infernale.

In un mondo complesso sublima, a tratti, anche l'ardore e la passione con cui si affrontano gli angoli misteriosi, le stalattiti e le stalagmiti, di quella sconfinata caverna che è dentro ognuno di noi, vale a dire dell'antro dell'essenza invisibile, ma presente, che presiede a ogni nostro gesto, a ogni nostra azione, a ogni nostra emozione, positiva o negativa che fosse, benefica o malefica, diabolica o angelica.

Il suo rapporto con la parola la poetessa stessa ce lo dichiara nella sua breve premessa alla silloge:

"Ho imparato ad amare le parole" – ella afferma – le compagne più fedeli della sua solitudine, la culla dei suoi desideri autentici, le interlocutrici dei silenzi profondi, mentre il mondo, ostile, è inerte. Le parole ella aggiunge sono le cose che *"danno un senso ai miei pensieri"*, esse le parlano in evaporanti deliri, quando il mondo è agonico e impotente, e ne accolgono le emozioni e i sentimenti taciuti, abortiti dal tempo che, disattento, fugge, come è evincibile da quanto ella lapidariamente afferma : *"Nelle parole trovi il conforto quando gli sguardi sfuggono ed il tempo tradisce le attese".* La parola per il poeta, per qualunque poeta possa definirsi tale, è traduzione diretta dello spirito, anzi, per dirla meglio, è lo spirito del poeta che traduce se stesso, e questo in M. Rosaria Franco accade, si vede e si sente.

E, aggrappandosi alla parola, strumento impareggia-
bile di catarsi, di voglia di liberazione e di volo libero, rannicchiata nell'alcova silente del suo deserto,
nell'assenza di tutto quanto è fuori e che farebbe da
limite agli stati evocativi, vale a dire all'ascolto del
profondo, di ciò che, a volte, in maniera incomprensibile, criptata, arriva dalle radici, ella si racconta
prima a se stessa, poi a noi lettori, facendo emergere
temi di grande spessore che riguardano l'essere e
l'essenza di ciascuno.

In *"Cadere giù"* emerge in tutta la sua evidenza il
tema della solitudine, di quella belva dello spirito che
con frequenza induce al ripiegamento su se stesso per
incuria degli altri uomini, per la loro disattenzione
agli altrui bisogni, due versi scolpiscono a caratteri di
fuoco tale sofferente condizione:

> *E' l'assenza di un punto d'appoggio,*
> *di due braccia che ti cingono.*

Ma è l'incomunicabilità in *"Cuori viaggianti"* a farla
da padrone, a dirigere la vita divorata dalla velocità
del tempo, dai mercati e dagli affari, dal potere e dalla seduzione, dal culto smodato della bellezza esteriore, della dimenticanza di essere uomini e padroni
della parola, evocatrice e comunicatrice dello spirito
proprio, della propria identità latitante:

> *Continuavamo a viaggiare distanti.*
> *Immobili e imperturbati nel freddo pungente.*

Sagome dietro i finestrini di treni a vapore

E, in effetti, a dividere gli individui fra loro, a renderli, spesso ignari, l'uno dell'altro, si mettono in mezzo il tempo e lo spazio, vere e proprie barriere, recinti per spiriti bui, inerti perfino rispetto a se stessi come si evince da alcuni versi di un breve ma denso componimento dal titolo *"L'attesa"*:

> *Si accalcarono tra noi*
> *volti, addii e ricordi.*
> *Allontanandoci. Perdendoci.*

In *"Il mio ritratto"* la poetessa esplode nel suo bisogno di uscire dal recinto proprio, dalla sua prigione che occulta agli altri la sua essenza e mostra solamente l'involucro, l'immagine di sé che fuori appare, mentre spera che un pittore ne sappia dipingere anche l'anima, quella che non a tutti, forse a pochissimi, appare:

> *Dipingi la mia fantasia,*
> *i miei pensieri in volo.*

In *"L'essenza"* campeggia il paradosso che l'incontro con il sé, la scoperta della propria essenza, quella che rende liberi e unici, uguali solo a se stessi, comporta anche il dolore, il tragico e incomprensibile destino, del rimanere, forse, per sempre, invisibili agli altri, visibili solo a se stessi e ad altri spiriti liberi, vale a dire liberati dalla schiavitù del tempo e dello spazio, delle culture e delle convenzioni, degli occulti plagi della storia:

Il destino di svanire
dietro l'invisibile.

Ma il risvolto positivo sta in *"Nuvola"* e nel conseguente, nascente desiderio di libertà assoluta, di fuga dalla muta e inerte realtà, di volo verso le vette più alte del pensiero e verso le abissali profondità dell'essere, posto nel deserto dell'anima ove l'uomo trova la sua autentica origine:

Sono diventata nuvola.
Nuvola di passaggio.
Non puoi più afferrarmi.

e più avanti

Sono lontana. Nessuno mi sente.
Rincorro affannata il sole e la luna.

In *"Porterò con me"* appare il desiderio di evasione da un mondo incapace di comunicare ma fa capolino anche il sentimento del ricordo, del ricordo di momenti di gioia, altre volte di nostalgia, altre volte ancora di lancinante dolore:

Porterò con me
solo i ricordi.
Quando non ci sarò più.
Quello dei tramonti più rossi.

e più avanti

il terrore nello sguardo inerme di un bambino
smarrito tra i campi di filo spinato
in una notte buia e senza fine

più avanti ancora

Porterò con me
i silenzi. Gelide stanze vuote,
impregnate dall'odore di muffa

Sempre il tema del bisogno di fuga da una finta realtà, che nega l'essere vivo dell'individuo, sembra ripresentarsi con risvolti, liricamente potenti, di versi in *"Urla nel deserto"*, qui la fuga si trasfigura nel viaggio, nel desiderio di vedere e di scoprire, di togliere il velo che l'occlude all'invisibile:

Ramingo tra dune che si tingevano d'oro al calar della sera. / Nel silenzio, di notte. Fuori dal tempo. Fuori da tutto. / Sotto un cielo color cobalto incastonato di stelle.

e più avanti

Scorreva il tempo nel cerchio della Luna.

E il vento spazzava i miei passi sulla sabbia.

Il tema del dolore e delle lacrime purificatrici, reden-trici dell'anima, ritorna con ancora maggiore eviden-za in **"Lacrime di cristallo"**:

> *Dondolano lacrime di cristallo*
> *sospese sull'abisso del mondo.*

e più avanti

> *Dallo squarcio affiora una stella: pupilla radiosa*
> *da cui stilla una lacrima.*
> *Argentea goccia di pianto*
> *sospesa tra il battito di una ciglia*
> *e le ingiurie del tempo.*

Non poteva mancare in M. Rosaria Franco, lei mamma, il tema dell'amore, dell'amore che non sempre è conforto, che, a volte, se non spesso, è do-lore assoluto, nostalgia di tempi ed eventi passati non più perseguibili se non nel ricordo imperituro, amori che, forse, avrebbero potuto dare un sostegno più so-lidale a un'anima diversa, evocatrice di libertà e di essenze, di sostanze immateriali, senza peso, leggere e trasparenti più dell'aria. Così ella evoca in **"Lettere d'amore"**:

Lettere d'amore racchiuse in scatole di latta.

Frammenti del passato
riflessi su lacrime di cristallo.

e più avanti

parole affilate che pendono come stalattiti
o punte di coltello sospese sul cuore.

In *"Sogni di pietra"*, l'autrice evoca con parole, e versi di grande incisività lirica e forte impatto emotivo, il tema della morte, mimetizzando, poi, dietro la metafora, lo svanire dei sogni e dei desideri più avvertiti:

... E la vidi giungere al mattino presto
nel pallore di un sole obliquo all'orizzonte.
Si sedette sulla lastra di marmo bianca,
immobile e con sguardo assente fino a sera.

Ma, al di là di tutto, oltre la gioia e oltre il dolore, oltre la bellezza e oltre la bruttezza, oltre la salute e oltre la malattia, rimane come strumento di estremo conforto degli spiriti sensibili il sogno, la possibilità di essere quello che ciascuno sente di poter essere, quando le palpebre, stanche, si chiudono innanzi alla psichedelica vetrina del mondo e, nel contempo, si schiudono in quell'angolo del notturno riposo dove nessuno ti vede, dove nessuno ti può impedire di volare, dove nessuno ti può giudicare né ferirti l'anima.

E nei versi de *"Gli spiriti della notte"* la parola stessa
si fa sogno, ma poi, di nuovo si nasconde quando il
giorno si prepara a sorgere:

> *Ma all'alba si dissolvono*
> *poiché la luce*
> *li confonde e li inquieta.*

È tipico l'atteggiamento dei poeti contemporanei,
soprattutto di quelli dei giorni più vicini a noi, produrre versi e strofe, andamenti metrici e ritmici, a
effetto, con l'uso di parole e di metafore, a tratti, artificiose, complesse, per non dire contorte, che spesso,
se non sempre, finiscono per snaturare la natura evocativa della poesia – che, nel suo assunto, dovrebbe
essere un bagno nell'innocenza espressiva del bambino – riducendola a un vero e proprio gioco a effetti
tanto da finire per diventare pirotecnico al pari di un
fuoco d'artificio o delle luci di un albero di natale
vestito oltre misura. Con frequenza nel poetare dei
nostri giorni manca il silenzio, manca la salutare pu-
rezza, manca la snellezza ritmica, manca l'eleganza
di una melodia pensata e suonata con discrezione, oltre i confini formali delle appariscenze. Potrei fare, in
proposito, numerosi esempi, ma mi esento, lascio ai
lettori e ai più accreditati cultori di estetica del linguaggio poetico la verifica di questo mio pensiero
forse insano e provocatorio, ma che esprime in pieno
il mio modo di sentire, di capire, di provare gusto per

l'immagine pura o nuda della parola-verbo e del suo
suono connaturato alla sua stessa sostanza.

Nell'autrice de "I pensieri della notte" – già il titolo
evoca silenzi vissuti fra le ombre e i suoni ovattati
che giungono dal tempo e dallo spazio dell'anima –
il rischio o la tendenza a uno stiracchiato moderni-
smo, non si corre, ella ha cura della classicità della
parola e la colloca nella culla del versi, e poi delle
strofe, come mamma premurosa fa per il proprio
bambino:

> *Dipingimi ...*
> *Ritrai i miei sospiri.*
> *L'inquietudine e la frenesia*
> *che mi porto dentro.*
> *I pensieri matti*
> *che affollano la mia mente.*

Ella le parole non le tocca, le sfiora come su tasti invisibili, ne prova il suono e le colloca in modo armonico nell'insieme:

> *Nel dedalo dei crepacci*
> *alita un canto da culla. Una nenia.*
> *O solo l'eco di una malinconica cantilena*
> *di quei respiri da lungo tempo*
> *rinchiusi dietro lastre di castelli di ghiaccio.*

Le metafore hanno sempre un che di naturale, nulla
hanno di alchemico o di criptico, sono digeribili, as-

sorbibili, intuibili, traducibili nel moto spontaneo della lettura, sono alla portata di qualunque lettore, anche di quello meno aduso al linguaggio in versi ma che prova desiderio, a volte istintivo, di avvicinarvisi:

Incontrerò la tua ombra nel frammento di un arcobaleno, / tra i riflessi di una pozzanghera sull'asfalto nero e lavato dalle lacrime. / Sotto altari nudi e profanati, afflitti dal pianto querulo di livide preghiere.

E perché, poi escludere gli ultimi, i lettori più timidi, quelli, all'inizio, più claudicanti e incerti? Ogni nuovo lettore che arriva è il benvenuto, egli diventa ospite di quel grande edificio del pensiero dell'anima, dell'essenza intima del tutto che è la poesia, l'altare unico sul quale si celebra il rito sacro dell'essere.

Con queste parole, cariche di intensità emotiva e trasparenti come la luce della luna nelle notti stellate, la nostra poetessa, rivolgendosi a un tu – che potrebbe essere chiunque di noi, chiunque ne affronti i versi leggendola – conclude la sua breve introduzione alla Silloge:

«Ho dato parole ai miei pensieri più intimi, pensieri che non osavo nemmeno sussurrare. E ... sono state parole così forti da rimbombare nei quattro angoli del tuo cuore. Parole che mi rimproveri di non dover mai pronunciare ma resteranno lì, esattamente dove le hai lasciate, disarmate e sole. Resto ancora nel

*mio mondo parallelo al tuo, consapevole di tutto
quanto.*

Sarebbero ben misera cosa i suoi versi se M. Rosaria
Franco si fosse limitata, chiusa nella torre d'avorio
del suo egocentrismo, a parlare del suo stato di malessere, della sua solitudine, del suo dolore esisten-
ziale, dei suoi aneliti, dei suoi sogni; la poetessa, invece, evoca l'uomo e l'universo che lo contiene, coglie l'essenza e il valore oggettivo del tutto, vede
l'umanità smarrita, muta, chiusa in se stessa, ella si
vede e vede, incrocia i diversi destini e li orienta in
un'unica possibile direzione: il recupero necessario
dell'autenticità dell'io, del mondo, di tutto quanto
esiste; il recupero dell'essenza individuale in un universo culturale clonatore di macchine agenti per im-
pulsi eterodiretti più che come spiriti liberi.

Io, ora nella veste del lettore, vedo tutto questo nella
poetessa, in questo spirito evocante bisogno di cieli,
al cospetto dell'inferno, e provo a guardarmi, per ve-
dermi meglio, forse, per la prima volta da quando
esisto.

Antonio Pellegrino

Prefazione
alla Silloge poetica

di

Dante Iagrossi, Spiragli di Pace,
Grafica e Stampa Soluzioni sas, Amorosi (BN), 2016

La silloge poetica di Dante Iagrossi si compone di 63
liriche, di gradevole e agevole lettura, dense di temi,
fluide nello stile evocativo, generato da standard
espressivi privi di fronzoli e di barocchismi decorati-
vi. I suoi versi, esenti dall'osservanza a regole metri-
che stringenti, si aprono liberi a una melodia spontanea, combinazione di parole scientemente armonizzate tra loro. Le metafore e le altre figure retoriche
non sono mai forzate, mai artificiose, mai complesse
e criptate, si offrono al lettore in maniera fresca e
comunicativa, scevra dal pericolo di contaminazioni
manieristiche e futuristiche, di versificazione a effetto. I singoli componimenti, in rispetto della tradizione, ma anche delle mutazioni avvenute nel tempo, e
delle nuove esigenze stilistiche e strutturali, si muovono con equilibrio tra il presente e il passato, preco-
nizzando un modello di futuro che è, nel contempo,
configurazione del "cuore bambino" del poeta, epi-
centro del suo stesso pensiero e progetto di vita im-
maginato per se stesso, per l'umanità intera, per
l'incalcolabile spazio che la ospita. Si sa, la poesia è
un'arte sublime e dai mille risvolti, è soggettiva e
oggettiva nel contempo, è racconto ed è canto. Non
tutti i poeti sono uguali tra di loro, in comune hanno
il metodo, la tendenza a scavare, nel deserto profondo dei loro spiriti, gli orizzonti dello spazio e del
tempo psichici; esaminatori delle dimensioni invisibili agli occhi comuni, essi sono trivellatori

dell'anima, esploratori incalliti di memorie, abili estirpatori di radici, scienziati assoluti di quanto è posto oltre i limiti del senso comune, oltre il fenomenico, sono i naviganti del noumeno, guidati, come sono, dal "sesto senso", il senso delle ultradimensioni, quello di cui non a tutti è consentito avere il timone. I poeti, come anche il nostro poeta, si muovono tra il tutto e il nulla, tra il finito e l'infinito, tra la materia e lo spirito, tra il visibile e l'invisibile, essi sono gli acrobatici equilibristi del tempo e dello spazio.

Arditi equilibristi, da sempre in bilico / sopra la linea sfumata dell'orizzonte, / tra cielo e mare, a raccogliere / gli ultimi raggi d'arancio infuocato / per inondare di sereno / le prime ombre della sera... [...] Capaci di ascoltare il respiro di una quercia, / lo spuntare lieve di una viola nascosta, il canto nuovo di rondini a primavera / e sorridere ogni volta come bimbi alla fiera... (da I poeti).

E Dante Iagrossi, il nostro poeta, è un abile sondatore di radici, il suo nome è, non a caso, evocatore di un altro nome che fu autore sublime di grandiosi fasti letterari e di corolle di versi immortali. Nel suo viaggio poetico, a tratti tinto di venature crepuscolari, egli ardimentosamente cerca le fondamenta della vita e della sua vita, percorre i ricordi radiografandoli, mentre con occhi e mente lucidi osserva nel suo presente, prefigurando un possibile futuro di speranze. Come attraverso un film gli scorrono avanti immagini, rimaste indelebili, a memoria del bello e del brutto, del dolore e della gioia, della vita e della morte, dell'angoscia e della speranza: il padre, la terra, l'infanzia, il tempo e lo spazio, la storia, la cronaca, le persone speciali simili ad angeli, visibili e tangibili. Rivolto al padre, metafora evidente del tempo che fu, così egli evoca nei suoi versi:

Come vorrei che fossi qui, / anche soltanto per un momento, / mentre il giorno stanco si scioglie piano / nel mare azzurro della sera / e la morsa della vita incide ancora / piccole fratture inaspettate / sopra la tela rosa delle speranze... (da "A mio padre").

Il mare azzurro della sera è il luogo della pace in cui si riposano, come in una morte apparente, le ferite della vita, le angosce inevitabili che fanno vedere lontano il luogo della speranza. E al cospetto della Terra, della sua terra o di quello che di essa rimane:

Questa terra non profuma più di viole / e dei fiori di ginestre sopra le colline sventrate, / che si aprono al tepore del sole di maggio... / Questa terra puzza del fumo invadente, / insopportabile delle gomme bruciate / lungo le strade insicure della notte. (da Agonia di una terra).

Oggi la sua terra non è più quella terra, i suoi profumi sono lontani, la sua immagine sbiadita, modificata da eventi, a volte insani per non dire perversi, mentre la speranza della rinascita è occultata dai silenzi omertosi di chi non agisce o non ha interessi per farlo. E sempre nello stesso componimento, con sconforto ma anche con una tacita speranza, esprime come in un lamento:

Questa terra abbandonata aspetta / lievi spiragli di albe nuove, dentro tele interminabili / di silenzi amari e stelle fioche di speranze (da Agonia di una terra).

La speranza in un mondo migliore, dunque, non muore, timidamente aleggia nell'anima del poeta, che, raccolto nel tempio sacro del silenzio, ritorna a trovare il conforto e l'ispirazione nel mondo georgico e in quello bucolico, spettri di un passato, che, rimane inciso nei ricordi: almeno questi, i ricordi, non possono essere rubati da mano predatrice all'anima sua che li custodisce:

Diventare leggero come un'ape operosa / per succhiare dolce nettare di margherite / ed imbrattarmi le mani di polline giallo (da "Come Francesco").

La sospensione dal tempo presente rende possibile il miracolo di "speranze vissute al passato" al cospetto di immagini idilliache che galleggiano leggere nell'anima, immagini eteree come sogni, fatte di campagna e di montagna, di giochi vissuti al cospetto di cieli amici e di stelle luminescenti:

Le bambine rubano stelle / sopra il profilo d'argento dei monti: / si fanno collane di perle, / quando il silenzio della notte / regala agli occhi ali di seta celeste... (da "I giorni dell'incanto").

E, sparsi di qua e di là, avvolti nel silenzio e tra i respiri profondi dell'universo vegetale, i mille colori nati dalle mani del magico artefice, del mitico e rassicurante creatore, il demiurgo che tutto è e tutto fa:

All'ombra di una quercia antica mi siedo, / tra ciuffi gialli e luccicanti di ranuncoli / e soffici tappeti viola di flagranti verbene (da "Il quieto respiro della collina").

Nella crisi sistemica di valori del tempo presente, luoghi di rifugio e di meditazione, di ispirazione, diventano l'infanzia e il cosmo, due punti diversamente equidistanti dal presente, vale a dire il punto-luogo del passato e il punto-luogo del futuro: retrospettivo il primo, prospettico il secondo, tesi entrambi, in un abbraccio fraterno tra loro, a ritrovare la via smarrita della fiducia dovuta alla sacralità della vita:

Non mi spaventa la notte che arriva col suo manto / fluttuante di misteri: stuoli silenziosi di lucciole /

amiche mi apriranno sentieri nascosti nel buio (da "Il quieto respiro della collina").

Egli crede, dunque, che anche nella notte più profonda si possa trovare la luce più luminosa, insomma egli pensa che la crisi possa rappresentare lo strumento essenziale capace di produrre il cambiamento, le lucciole sono pur sempre simbolo di speranza, tanto esse assomigliano per in parte alla terra e per l'altra parte al cielo, esse sono figlie delle stelle che popolano e animano il firmamento. Semplici e spontanei, direi naturali, gli spunti metaforici che il poeta assume nei suoi componimenti per rendere manifesta la sua duplicità interiore, il desiderio della morte = ritorno al padre per il ritorno alla vita, e il desiderio della vita = desiderio di sfondare il velo, spesso, che impedisce all'individuo la possibilità di vedere con maggiore chiarezza, di vedersi:

Fili rosa di ricordi ci uniscono / e raggi festosi di sole, che filtrano / i giorni grigi del silenzio... / Corriamo attraverso gli anni / con sorsi di vino bianco e risate. (da "Amici").

I ricordi finiscono per rappresentare il ponte naturale posto tra passato e futuro, a partire dal luogo ibernato del silenzio, il presente, vale a dire il luogo generatore dell'incomunicabilità dell'uomo con se stesso, con gli altri uomini e con l'ambiente naturale sempre più mortificato, avidamente depredato della sua primitiva bellezza. E' così che egli, esaltandosi nel suo viaggio magico attraverso i versi, evoca:

E noi, per paura del buio, rubavamo le lucciole nel giardino / tra l'albicocco ed il ciliegio e ci sembrava fossero / piccoli frammenti di stelle cadute dal cielo (da "Il sentiero dei gelsomini").

Tutto si srotola come attraverso un film bene articolato di immagini, un film sapientemente congegnato, e sequenza dopo sequenza, giunge in primo piano quella del piccolo bolide, la Belvedere, la stessa che, in un tempo diverso, gli aveva fatto provare la magica sensazione di sentirsi fendere, a mo' di proiettile, l'aria fino a spezzarne il petto e penetrarne il cuore:

E poi le foto in bianco e nero, / in posa accanto a quel piccolo bolide / che correva piano per le strade di ieri, rubando piccoli assaggi di felicità (da "La Belvedere verde").

Esondano i versi di libertà illimitate vissute tra campagna, colline, profili non lontani di montagne azzurre più del cielo, prati verdi di vita a rincorrere sogni, che, al tempo, erano ancora molto simili alla realtà quotidiana, perché la realtà quotidiana era sogno:

Libera, la mente vola alle corse di un bambino / nei campi sconfinati della spensieratezza, / a rincorrere

*parabole ardite di palloni / e castelli fantasmagorici
di sogni* (da "Oltre quella sedia").

Ma i sogni, fatti, allora, di materia vivente, di gioia
esplodente, incontravano, poi, il volto stesso del cielo, si confrontavano con le abissali distanze, con i
luoghi senza misure e senza confini:

*S'annulla ogni distanza / nello spazio di un prodigio,
/ volano veloci vele trasparenti / da un punto
all'altro dell'infinito...* (da "I giorni dell'incanto").

Lo spazio, lo spazio immenso, la visione cosmica che
annulla ogni altro spazio, ogni altra visione e, nel
contempo, la contiene, ne rappresenta il ventre che
l'aveva generata un tempo e che, al termine del tor-
tuoso cammino, la riaccoglie nella sua stessa sostanza, la sostanza dell'Ente oltre il quale nulla altro è, il
ciclo perenne dell'eterna materia universale, che è, in
un certo senso, simile ai sogni nel cui seno il tempo e
lo spazio diventano altro da se stessi, reinventandosi
ogni volta:

*Tutto passa, ma niente si perde per sempre, / se poi
ritorna nei cicli inarrestabili del tempo, / afflato soave ed eterno di universo che vive* (da "Il quieto respiro della collina").

C'è qualcosa della visione leopardiana della destinazione finale dell'uomo nel tutto in questa concezione

della dimensione cosmica della vita, macinata, come essa è, da cicli e ricicli, volti all'estinzione di quanto è passeggero, volatile e flebile, per assumere la veste definitiva della materia generatrice di vita. Ha ragione il nostro Dante, solo i poeti sanno di questo modo dell'eternità, poiché essi, nel deserto della loro solitudine, la incontrano già in vita, ne fanno esperienza che si traduce in conoscenza, succhiano dalle mammelle stesse del potere creativo dello spirito, essenza unica di ogni cosa, l'essenza che unisce e affratella come membri di un'unica famiglia, abitanti per sempre del cosmo.

E sapete dove termina la corsa sfrenata del tempo? / Soltanto i poeti, infaticabili viandanti d'infinito, / lo sanno... (da "Viandanti d'infinito").

Dove ci sono spazio e tempo, come è per il luogo di vita dell'uomo, ci sono eventi che degli uomini, di passaggio nella vita, rappresentano i desideri, i sogni, le volubilità, spesso le perversioni. Per Malala, la giovanissima ragazza pakistana, qui celebrata dal poeta, il nobilissimo sogno era quello del sapere, della conoscenza, della libertà che ogni donna, come ogni uomo, potesse accedervi senza impedimenti, un sogno pagato, poi, con la sentenza di morte ad opera di ciechi aguzzini dell'anima:

Attorno soltanto siepi colorate di libri / e lievi voli di farfalle gialle nel sole (da "Il giardino di Malala").

Per i bambini di Gaza, invece, il miracolo sarebbe stato quello di potere giocare liberi al cospetto di cieli colorati di blu, ma molto diversa era la realtà:

Non sanno più di che colore / è fatto il cielo i bambini di Gaza: / qualcuno gli ha bruciato l'azzurro (da "Il cielo sopra Gaza").

Per gli ebrei l'aspirazione, qualcuno direbbe l'ambizione, era di potersi sentire cittadini del mondo e, nel contempo, liberi adoratori dell'immagine di un Dio, trasmessa dai padri attraverso le pagine celeberrime del Vecchio Testamento, un sogno tarpato con la più estrema delle violenze ad opera di uomini predatori della loro stessa anima, prima ancora che di quella altrui, un sogno conclusosi sul grande rogo dell'olocausto:

E furono soltanto lamenti soffocati, / flebili grovigli di fumo nel vento gelido del Nord, / frammenti di desideri e stelle sbriciolate / di speranze nelle camere scure della morte. (da "Il vento di Auschwitz").

Muri e confini nati a dividere uomini e popoli fra di loro esistono sin dal sorgere dei primi villaggi, diventati, poi, le grandi città. Si ha memoria recente del muro di Berlino, che tanto danno ha arrecato alla sto-

74

ria delle vicende umane. Sono, infine, di oggi le immagini drammatiche di muri e di steccati, di fili spi-
nati, edificati per ostruire il libero passaggio dei popoli, in fuga dal malessere e dalla guerra, verso il territorio della "cosiddetta" Europa libera e democrati-
ca:

*Ditemi che un giorno non ci saranno / più muri a na-
scondere lo splendore / immacolato del sole né barriere / di filo spinato che bloccano / il flusso convul-
so delle speranze* (da "Il posto della pace").

Ed ora, con accoramento mi chiedo: «Cosa ci può essere di più occlusivo di buie caverne sotterranee per
contenere corpi e anime liberi di uomini eroi, vittime
del loro desiderio profondo di normalità e di libertà?». Le Foibe sono diventate nel racconto lungo della storia la testimonianza crudele, il simbolo estremo
del buio profondo che si annida nel cuore umano,
foiba esso stesso, assetato di potere e di potenza, di
arroganza e di intolleranza, di assoluta irriverenza
per la dignità umana e del valore supremo del diritto
alla vita per chi, un giorno, è giunto nel mondo, cre-
dendo di potervi trovare il paradiso:

*Voragini di brutalità / per sempre infisse dentro / i
campi aridi della memoria* (da "Foibe").

Ma in Dante, abituato a non guardare la vita con un
solo occhio, ci sono del mondo, spesso crudele, an-

che le visioni suggestive della bontà umana, della
santità laica e religiosa, dell'eroismo, della solidarie-
tà verso la vita ovunque essa si mostri e di qualunque
colore o fede religiosa si vesta. Di queste sue visioni
egli ci lascia segni di parole in versi ricchi di accora-
ta dolcezza e di soave melodia. A proposito di un
apostolo della parola e dell'azione, della carità prima
di tutto, madre Claudia Russo, Dante Iagrossi afferma:

*E regalavi caldo pane saporito / e frasi profumate di
speranze, / spegnendo ad una ad una / le ombre
oscure e le paure del domani...* (da "Doni d'amore").

Il valore della carità viene, più spesso, visto associato
ai valori supremi coltivati dalle grandi religioni e dalle altrettanto grandi etiche e morali, più raramente se
ne fa riferimento in rapporto all'eroismo civile, rimasto, spesso, prigioniero del concetto di dovere. Nella
poetica dei sentimenti estremi di Dante, tuttavia, anche l'eroismo si fa etica e assurge agli altari del valore della santità, conquistata, come Cristo sulla croce,
tramite l'offerta consapevole della propria vita, dopo
avere percorso la via del Calvario e del dolore salvi-
fico:

*E domani forse qualcuno ricorderà, / regalando
qualche lacrima sincera / a una vecchia divisa di-
menticata, / e una medaglia dorata brillerà / ancora*

tra le ombre di una stanza (da "E domani" - per tutti gli eroi delle forze dell'ordine).

Un pensiero molto delicato è rivolto anche a quelli come lui, ai poeti, agli amanti del silenzio e del raccoglimento, agli abitanti del deserto dell'anima, agli amanti delle parole, agli abili orchestratori di melodie senza note, il suo pensiero va a uno per tutti, a J. Keats, alla sua vita fugace ma intensa, nello stesso tempo breve ed eterna:

Vita fugace e intensa, come un giorno / di primavera dissolto in un'aureola di luce (da "Frammenti d'azzurro - per J. Keats).

L'excursus attraverso l'incontro con anime speciali, il poeta lo conclude, sommando tutte le altre anime non nominate, e non poche, in un unico elemento simbolico, quello degli Angeli, taciuti dalla storia ufficiale, gli eterei portatori di conforto, i compagni fedeli delle anime in pena, degli esseri smarriti fra i meandri perigliosi delle difficoltà del vivere:

Hanno gli occhi di un azzurro / più terso del cielo d'estate / gli angeli, e ali morbide di velluto / che brillano ai primi raggi di luna... (da "Gli angeli").

E mi piace porre fine a questo mio viaggio attraverso la poetica di Dante Iagrossi con qualche verso tratto da "Suoni e parole", un vero e proprio inno al romanticismo, un vero e proprio canto del cuore, armonioso e melodico, limpido come acqua di sorgente, colorato di sentimento autentico, un inno che può sorgere solo da chi, come lui, ha nel petto la vita:

Ti regalo i sospiri appassionati / degli amanti, sotto i ricami d'argento / delle stelle indiscrete, e gli occhi / accesi della luna piena che sorride, / sopra il profilo luccicante dell'orizzonte.

A Lui va, da parte mia, un grazie per i sentimenti profondi che egli ha consentito che, in queste ore, facessero presa nella mia mente e nel mio cuore.

Antonio Pellegrino

Prefazione
alla Silloge narrativa

di

Lin Schiavo Pontalto, Il trillo del diavolo sconvolge Bagheria,
Lulu Edizioni, 2017

"Il Trillo del Diavolo Sconvolge Bagheria" è un progetto narrativo fascinoso. Sono venti racconti, intricati e intricanti, accattivanti, sospesi sul filo sottile della vita, al cospetto di eventi, governati dal destino, a tratti velati di mistero e di visione esoterica.

L'autrice, in Ada, uno dei racconti, si chiede, a mezzo tra lo smarrimento, lo sconcerto e, forse, il tormento, il tormento da cui guarire per sorgere o risorgere:

«Mi sto chiedendo se la vita sia un ritorno a casa o un lasciare temporaneamente la propria casa».

È questo il leitmotiv, il sottile filo rosso, che attraversa l'intera opera della scrittrice palermitana, l'interrogativo profondo che ella si pone sul senso della vita e sulla possibilità, o meno, di poterle dare un "senso veramente": la vita è l'essere dentro di noi? È l'essere fuori di noi? È l'essere pura apparenza dell'essere o una sua malriuscita imitazione? È l'essere del nulla? È l'essere l'insieme, o l'intruglio, di tutte queste cose? È, forse, l'estremo tentativo di viverla nel migliore dei modi possibili in fuga dall'incombente destino?

C'è qualcosa del Verga nell'opera in questione: la Provvidenza, affondata dalla tempesta, emblema della speranza di vita, negata a chiunque, senza distinzione di luogo, di tempo o di casta sociale.

È, dunque, il ciclo dei Vinti che si ripete? È la croce pesante di coloro che, nati alla vita, devono subire il destino di essere sconfitti dalla vita stessa, dalla vita che genera e uccide, che prima dà e poi toglie?

Forse per qualcuno sì. La vita potrebbe anche essere quella strana cosa, quel mostro, che genera la vita, poi la impedisce, la ostacola, la stringe, infine la toglie: si pensi per un attimo al giovane 'Ntoni e a Maruzza; si pensi al giovane 'Ntoni e a Mena; si pensi a Bastianazzo e a Lia; si pensi a Luca e ad Alessi; si pensi a Mastro don Gesualdo e a Bianca Trao; si pensi ai tanti protagonisti di Vita dei campi e delle Novelle rusticane di verghiana memoria.

Protagonista assoluto dell'intero contesto narrativo – senza nulla togliere alle altre, incredibili, figure campeggianti sulla scena – è il linguaggio, che Lin Schiavo Pontalto, come il Verga, sradica dal cuore stesso dell'esistenza, ne dipinge, poi, al par suo, i caratteri, ne elabora i ritmi, ne perfeziona la melodia, ne fa scaturire, così, un codice espressivo, intessuto intorno al lessico, alla grammatica e alla sintassi italiana, che non disdegna di accogliere in sé, in un equilibrato connubio, il sentore della parlata siciliana, carica di straordinari colori e di calori espressivi:

L'autrice, però, quasi contraddicendo il suo grande predecessore, compie il miracolo di ripescare dalle

profondità marine la barca di Bastianazzo, la Provvidenza, nel tentativo suo, complesso e non poco sof-
ferto, di potere dare, comunque, un senso alla vita,
affidando a ciascun personaggio il compito di cercare
dentro se stesso qualcosa a cui potersi aggrappare,
un'ancora di speranza, un sogno, o un modo, tutto
suo da esplorare: gli esoterici mostri della Villa Pala-
gonia per la protagonista del racconto che dà il titolo
al libro; il silenzio per Enrica in "Vita silenziosa";
l'albero del nano per la protagonista del racconto
"Cree en ti mismi"; il mare di Scopello per Anneke
in "Presi dal Mare"; la casa per Li Causa in "Ristrut-
turato, Elegante"; il telefono per Marcello in "Bene,
grazie, ci si vede"; la Parola per il poeta girovago in
"Davanti a un mantello rosa"; il Cobianchi per Ersi-
lia in "Il Cobianchi a Pelermo"; e questo solo per fare alcuni rapidi esempi.

Lin, in proposito, afferma in uno dei suoi racconti
più esaltanti:

«*La musica, come sempre, cominciò a cancellare gli
spazi certi, quelli fisici, per disegnarne altri!*».

Si potrebbe anche pensare che, quello della scrittrice,
è un Verga risvoltato, un Verga di cui coglie, con sa-
pienza, e dovuta saggezza, l'anima del linguaggio si-
ciliano e dell'indubbio dramma del vivere, ma al
quale aggiunge una speranza di redenzione, che ai

suoi personaggi, tutti sconfitti dal destino, era mancata. Ed Ella, nella sua introduzione afferma:

«*Il libro vuole ritrovare un senso, una ragione alla disfatta, alla resa, alla fine. Il ricorso al sogno, alla vita onirica, al mito, non sono soltanto degli strumenti di ricerca, ma, di fatto, assumono l'importanza di un sistema di vita; una vita diversa per certi aspetti dalla vita reale ma per altri versi l'unica vita possibile che possa permettere di percorrere itinerari inesplorati*».

Lin Schiavo Pontalto nei suoi racconti vede e si vede, nuota con bracciate vigorose, e nel contempo faticose, nel mare profondo, a tratti insondabile, dell'inconscio suo e del mondo che le ruota intorno. Sì, l'inconscio, l'alter ego di ogni essere vivente, ove trovano il loro raduno i sogni impediti, i sogni inespressi; l'inconscio, il luogo da cui, tramite atti di energica meditazione, forse anche di necessitante ribellione al predeterminante destino, qualche sogno, almeno, si potrebbe trarre fuori, per dare nuovo sapore, colore e vigore alla vita.

In linea con la Prefazione di Stefano Marchesotti, stilata, nell'anno 2012, in occasione della prima edizione del libro, reputo un capolavoro di contenuto e di stile espressivo l'opera di questa grande artista della parola e del pensiero, che, nel contempo, è, lo dico per chi non ne fosse ancora a conoscenza, una poetessa di estrema e coinvolgente finezza.

Antonio Pellegrino

Antonio Pellegrino

Le mie Prefazioni

Prefazione
alla Silloge poetica

di

Paola De Rosa, Il Canto degli Spiriti Affini,
Lulu Edizioni, 2018

Mi piace evidenziare con i seguenti versi l'input al mio viaggio esplorativo della silloge "il Canto degli Spiriti Affini" di Paola De Rosa:

Seguire il flusso / della tua immaginazione / come fosse di un aquilone / il suo lontano volo / che si perde su nel cielo / lungo il tragitto tracciato / da un vento propizio.

È la incisiva figurazione di un viaggio nell'anima. La poetessa attinge la sua ispirazione alla fonte di una puntigliosa osservazione del mondo dei sentimenti, quello che ruota intorno al suo universo di donna, intrecciato al desiderio di un suo visionario destino, fatto, a volte, di immagini sospese sul filo sottile del pensiero immaginativo, altre volte del sogno vero e proprio, quello generato dal sonno profondo, l'alter ego del luogo della quotidiana ragione, causa quest'ultima, a volte, di immotivate censure, prigione della parte più recondita e intima dell'io.

Seguire i palpiti del tuo cuore / lungo gli attimi cadenzati / di questo tempo / mentre solo in apparenza / intorno tutte le cose cambiano nel fluire ininterrotto / delle stagioni che passano.

È il cuore la misura di tutte le cose, è il cuore la guida più sicura nel proprio viaggio solitario tra le foreste intricate della vita; il cuore, il luogo del proprio deserto, della propria indivisibilità e della propria invisibilità; il cuore il luogo dell'anima solitaria, dell'anima vestita della sua sola diversità, dell'anima abitante unica di se stessa, dell'anima indomabile e irripetibile. È il cuore, il luogo dell'eternità, l'officina dei desideri più avvertiti e degli amori mai accesi (*la struggente dolcezza / di una fiaba infinita / più sognata / che vissuta / in questi attimi / incompiuti di vita*) e di quelli mai spenti; il cuore il deposito dei ricordi capaci di alimentare ogni tempo della propria esistenza fino al suo limite estremo:

Sempre spirerà il vento / a tamponare il mio viso / a divorare nubi insidiose / dal cielo stanco. / Sempre scenderà la pioggia / a dissetare l'arida terra / ancora avida / d' umida zolla.

Il cuore è la speranza che mai soccombe, anche in presenza dei dolori più grandi, è il vento che accarezza, è la pioggia che lava la mente e lo spirito. E la poetessa questo scolpisce con subliminali parole:

Ma presto arriverà / quel giorno / in cui il tempo / raggiungerà il suo senso.

L'amore vero, in effetti, è un amore senza tempo, è il regno degli spiriti affini, è l'oltre il confine del senso comune delle cose. Ritarda i suoi effetti benefici, a volte, ma poi arriva a sanare il dolore, spesso lacerante, dell'assenza, dell'attesa, a tendere la sua mano salvifica all'anima, indomita guerriera:

Ci siamo incontrati / in un sogno, / in un giorno / della bella stagione.

Tutto venga a mancare, dunque, ci sarà pur sempre un sogno a riscaldare il gelo nato dalla solitudine, ci sarà sempre un'ancora di salvataggio, una boa nel mare più profondo a determinare l'ultimo destino, quello che conduce verso i cuori compatibili:

Perché ero proprio io / la tua fonte sorgiva... / e tu la mia.

È così che il sogno di chi ama diventa il medesimo sogno dell'amato, essi sono consustanziati: è una reciprocità di intenti che esplode improvvisa e si libera, come per miracolo, nel regno della luce.

La natura, nella silloge, è, spesso, testimone dei sentimenti umani, essa è vigile agli accadimenti, si fa ascoltatrice dei cuori solitari, ne diventa compagna e sostegno nei momenti di maggiore sconforto, non in rari casi si mette nel ruolo di suggeritrice di indirizzo di vita:

Sempre spirerà il vento; sempre scenderà la pioggia; sempre sarà blu il cielo.

Splendido poi questo imperioso grido della speranza mai doma:

Accarezzami / come leggera goccia / di estiva pioggia / a dissetar la perenne arsura / nel deserto del cuore.

L'universo delle cose è sempre sullo sfondo d'ogni vicenda fino a diventare, a volte, assoluto protagonista, protagonista vivo più e ancora degli esseri umani, che, non in rari casi, appaiono intristiti e spenti, vuoti di se stessi, ciechi al confronto del grande scenario che ruota intorno e regge la vita di ogni essere presente sulla Terra.

Seguire i palpiti del tuo cuore / lungo gli attimi cadenzati / di questo tempo / mentre solo in apparenza

/ *intorno tutte le cose cambiano* / *nel fluire ininter-*
rotto / *delle stagioni che passano.*

Le cose sono soggetti attivi dell'esistente, esse sono
vive non meno degli individui, agli stessi sopravvi-
vono, evolvendosi in mille e mille modi, e diventano
testimoni della loro stessa memoria, empatiche reli-
quie del tempo:

Siamo quella favola antica /*ritornata a sussurrare di*
sé / *all' incanto di cielo e stelle* / *in un' afosa giorna-*
ta estiva / *nel silenzio del vento e del mare.*

 Tant'altro ci sarebbe da dire della raffinatezza poetica dell'autrice, della sua forza evocativa, dei temi
colti come grappoli d'uva matura un po'di qua e un
po' di là nel territorio sconfinato della propria essenza, ma si lascia il resto, il non detto, il non ancora
colto, alla curiosità viva del lettore.

Qualche attenzione, però, voglio rivolgere, prima di
chiudere, agli aspetti tecnici prevalenti dell'opera.
Ritmico e denso di immagini è il fraseggiare in versi
brevi e melodiosi, intercalati da ricchezza di metafore e di similitudini, di allitterazioni seminate di qua e
di là, frequenti sono gli enjambement, oserei dire la
figura retorica messa a fondamento di uno stile evocativo caratterizzato dalla rapidità espressiva, che per
nulla ostacola il fluire del ritmo e della melodia. Si
vedano le fratture sintattiche nei versi in alcuni
esempi che qui fanno seguito:

Seguire la traiettoria / *dei tuoi pensieri* / *come acqua*
impetuosa / *che scorre* / *con violenza a rompere* / *di*
un fiume i suoi argini.

E ancora:

Ti hanno adagiato / su una squallida croce / nudo, miseramente il corpo / oltraggiato, nel cuore vilmente / dileggiato.

Io, qui in veste di prefattore, mi lascio trasportare dall'armonia profonda che scivola attraverso i seguenti versi e ne accarezza con estrema dolcezza la pelle:

I tuoi palpitanti aneliti / d' amore / disperdi / nelle cerulee trasparenze / del mio mare profondo / e aspergi tutt' intorno / ai miei dolci clivi fioriti / incastonati nel sole, / il tuo pungente profumo di zagare e viole, / meraviglioso e unico.

Cadenze, melodia, ritmo, assonanze, ricerca meticolosa e posizionamento strategico delle parole sono elementi fondativi della poetica dell'Autrice, che dipinge con naturalezza immagini che scivolano nell'alveo di versi e strofe sciolti, mai sofferenti di stanchezza o farciti di artificioso vezzo, sempre semplici, spontanei, fluidi, limpidi, ornati di classicità espositiva.

È stato un piacere e un privilegio per me l'essermi potuto trovare al cospetto di versi tanto coinvolgenti, versi che aiutano a vedersi e, poi, a vedere oltre i veli occultanti verità dello spirito, spesso inibite da una miope ragione sociale, verità prigioniere di inconsci mai svelati e rivelati.

Antonio Pellegrino

93

Prefazione
al testo teatrale

di

Luca De Crescenzo, 'Nzuonno,
Centro Stampe Digitali e Grafica, Cerreto Sannita (BN), 2018

'Nzuonn è una commedia nella commedia strutturata intorno a tre Atti il cui filo di continuità è rappresentato dal narratore, che appare costantemente in un angolo del fondo scenico, figura quasi invisibile, emblema della voce stessa dell'anima del tempo:

- Il primo dei due Atti contiene l'Introduzione al sogno del protagonista;

- Il secondo (metafora di una commedia nella commedia), a sua volta dipanantesi attraverso cinque parti, contiene la rievocazione onirica de "La Cantata dei Pastori", di cui il padre del sognatore era stato, attraverso il tempo, regista e, a volte, interprete;

- Il terzo Atto sostituisce alle parti recitate dei due atti precedenti la proiezione su uno schermo, posto sul fondo scenico, di diapositive – accompagnate, in alcuni punti, dal commento del narratore – rievocative di documentazioni storiche sulle origini e sulle diverse rappresentazioni avutesi, nel tempo e nello spazio geografico, de "La Cantata dei Pastori", il cui contenuto fa da perno ruotante dell'intera vicenda.

La commedia è un gioiello, è incastonato di sentimenti profondi, è una carica infinita di energia affettiva, è un monumento alla memoria sia della ricca tradizione culturale, ambientale, familiare, amicale, che di quella vernacolare in genere.

Breve ma incisiva, è dedicata dall'autore del libretto al padre, don Raffaele De Crescenzo, vale a dire a colui da cui l'Autore si è sentito seminare, sin da bambino, nella mente e nel cuore l'amore per l'arte, per l'arte popolare e per il dialetto napoletano.

Poeta egli stesso, Luca De Crescenzo è autore di una silloge dal titolo Poesie e Prose, Media Press, Puglianello (BN), 2012.

Antonio Pellegrino

Indice

Lulu Edizioni
Finito di stampare
15 Gennaio 2019